MW01616045

Este libro que le inspirará a convertirse en soñador y visionario, y a luchar por cumplir el propósito que Dios ha puesto en su vida. Julissa es una joven que se ha atrevido a soñar y a no rendirse hasta no ver sus sueños realizados.

Marcos Witt
Pastor, salmista, escritor y presidente de
Canzion Producciones

Nuestro éxito es determinado por nuestra actitud ante la vida, Julissa es una muestra de eso. Ella reusó ser una expectadora y comenzó a participar de las cosas que Dios ya tenía para ella. Tú también puedes hacer lo mismo.

Funky
Presidente de FunkyTown Music

Sí se puede ser joven, amar a Dios y ser alguien alegre al mismo tiempo.

Los padres recibirán fe y esperanza para los sueños que tienen para sus hijos. Julissa hoy es el resultado de lo que sus padres soñaron, profetizaron y confesaron desde antes de nacer.

Pastor Edwin Lemuel Ortiz
Auditorio De La Fe, Pembroke Pines, FL

Julissa abre las puertas de su vida, de su peregrinaje con nuestro Señor Jesucristo. La historia y testimonio de esta joven te ayudarán a encontrarte con un Dios relevante, un Dios que desea oír más de ti.

Rev. Luis Cortes
Presidente de Esperanza USA

———————————————

¡Invierte en tu mente y en tu corazón y lee este libro! Sin duda serás inspirado a tener un nuevo comienzo y poner SU ritmo en tu vida.

Emmanuel Espinosa
Presidente de ReyVol Records, compositor y líder de la banda musical RoJO

EL RITMO DE LA VIDA

julissa

GRUPO NELSON
Una división de Thomas Nelson Publishers
Desde 1798

NASHVILLE   DALLAS   MÉXICO DF.   RÍO DE JANEIRO   BEIJING

© 2007 por Grupo Nelson
Publicado en Nashville, Tennessee,
Estados Unidos de América
Grupo Nelson, Inc. es una subsidiaria que pertenece
completamente a Thomas Nelson, Inc.
Grupo Nelson es una marca de Thomas Nelson, Inc.
www.gruponelson.com

Todos los derechos reservados. Ninguna porción de este libro
podrá ser reproducida, almacenada en algún sistema de
recuperación, o transmitida en cualquier forma o porcualquier
medio —mecánicos, fotocopias, grabación u otro— excepto
por citas breves en revistas impresas, sin la autorización
previa por escrito de la editorial.

A menos que se especifique lo contrario, las citas bíblicas
usadas son de la Santa Biblia, Versión Reina-Valera 1960
© 1960 Sociedades Bíblicas Unidas en América Latina.

Usadas con permiso.
Fotógrafa de portada: Leslie Soto
Arte de portada: Luis Zeno

ISBN-10: 1-60255-001-8
ISBN-13: 978-1-60255-001-8

Impreso en Estados Unidos de América

CONTENIDO

Desde pequeña siempre me ha llamado la atención los libros y la habilidad que tienen los que escriben para captar nuestra atención. Siempre soñé con escribir un libro, porque es otra manera de poder exponer el alma y el sentimiento de uno tan distinto a como uno lo hace cantando. Quisiera comenzar dándole las gracias a Dios, por ser la razón de mi existencia y sobre todo por su fidelidad y por esta oportunidad tan especial de poder compartir un pedazo de mi corazón con todos ustedes.

A mi esposo, Mike Rivera, mi mejor amigo, el padre de mis hijos, mi manager, mi productor y sobre todo el que más cree en mí y me impulsa a seguir escalando en el Señor. A los tres tesoros más hermosos enviados del cielo, mis hijos, John Michael, Alyrah, y Jayden... cada vez que los miro entiendo lo que es ser verdaderamente feliz y bendecida en el Señor... A mis Padres Juan y ...A María Arce, por dejarse usar por Dios y entender mi llamado aún desde niña. A mis hermanos Luis, Innette (Franky & Joelito), y Elaine. A mis abuelitas Eduarda Diaz Marrero (Mamita) y María Mercado Hernández (Mamá). A mis suegros, el

Rev. Benjamín Rivera, María Indart y a toda la familia, ustedes saben quienes son, les amo. A todos nuestros amigos, en especial a Leo Serres y familia, Giovanni Rios y familia, Evang. Pedro Rosa y familia, José Feliciano (Bienve) y familia… A mis Padres espirituales, Rev. Angel y Ruth Mercado. A Freddy y Nelly Caraballo y al grupo «Chosen Generation», en especial a Liza y Liana (May God Bless and prosper each and every one of you… I love you guys!)… A mis Pastores Edwin Lemuel Ortiz y María Arroyo de Ortiz, por su respaldo incondicional. A toda la gente que hicieron posible este libro, la familia de la editorial Grupo Nelson, en especial a Sam Rodriguez. A Nelson Perdomo, gracias por tus consejos e ideas…

Y a todos ustedes, mis fans por su respaldo incondicional y sus oraciones… Mi oración es que este libro sirva de inspiración para que honres a Dios en toda etapa de tu vida y puedas aprender a vivir un vida plenamente en Él... Julissa

Introducción

Al recordar mis primeros pasos —cuando yo apenas era una jovencita de quince años—, aparece en mis recuerdos la imagen clara de una Julissa con muchas preguntas e incertidumbres con respecto a la vida. No obstante, también guardo en mis memorias el cuadro de mí misma con una actitud optimista, en un escenario lleno de ilusiones y sueños. Ciertamente, muchos que reposaban silenciosos en mi corazón parecían inalcanzables. En los comienzos de mi caminar, no sucedía nada en mi entorno que pareciera conducirme a ellos. En ese entonces, debo confesarte que no recuerdo haber dudado del propósito de Dios en mi vida. Nunca perdí la esperanza ni la fe de ver cumplidos esos sueños. Oraba por eso y entendía que mi futuro estaba en las manos de quien es autor de la vida y le da sentido.

Esa fe en Dios y una actitud positiva han sido los puntales para la realización de mis sueños más anhelados, aunque debo reconocer que Dios también puso a las personas correctas en mi camino para dirigirme en esta jornada llamada «vida». Gracias a Dios, al apoyo y a las oraciones de quienes están a mi lado, esta pieza musical que llamo «Mi vida» tiene un son alegre que va al ritmo de Él. Te invito a que me acompañes a través de ella y te contagies para vivir *El ritmo de la vida*, a la manera que Él lo propuso para ti.

Julissa

EL
RITMO
DE LA
VIDA

TODO TIENE UN COMIENZO...

1

Cuando era una jovencita, un pastor afroamericano que no me conocía, se me acercó durante una reunión y me dio una palabra profética. A través de él, el Señor me dijo que «me había escogido para estos tiempos; que me iba a llevar a un lugar rico y que iba a poner una almohada debajo de mi cabeza para que yo descansara en Él». Sus palabras fueron contundentes, especialmente cuando me habló de que «Él me iba a rodear de gente que sería usada para que el propósito del Señor se hiciera realidad en mi vida».

También me dijo que iba a ser de bendición para la isla de Puerto Rico; que me iba a enseñar a cuidarme porque me restaba un largo camino, y que «el deseo de Satanás era agotarme para que yo no cumpliera los mandatos de Jehová». Dios me respondió, pues aquellas palabras calaron fuerte en mi interior y me ayudaron a confiar en el Señor y a entender que todavía estaba en el camino correcto hacia el cumplimiento de su perfecta voluntad para mí.

No entendí muchas cosas que aquel hombre de Dios me dijo en ese momento, pero las acepté y le di gracias a Dios por lo que me había hablado. Sin embargo, con el transcurrir del tiempo, el Señor me ha seguido sorprendiendo. Le doy gracias por haberme hablado aquel día.

Pero permíteme contarte cómo comenzó todo. Nací y me crié en Chicago, la tercera ciudad más importante de los Estados Unidos. Es impresionante por sus rascacielos, por el inmenso lago Michigan, con su agua color turquesa; tanto que durante mi niñez pensaba que aquello era el mar. Para mí, Chicago es inolvidable por sus parques y bosques, por las diferentes culturas que tiene y por las cuatro estaciones del año que uno puede disfrutar vívidamente. Es un lugar donde aprovechas el calor del verano pero igual sientes los fuertes vientos y el frío entumecedor del invierno. Para mí, es la ciudad más hermosa de la nación. Quizás porque nací ahí y por los gratos recuerdos que tengo de niña. En esa ciudad congestionada, llena de rascacielos, carros, ruido y diferente gente, es donde comienza mi historia…

Mis padres se conocieron en la «Ciudad de los vientos» —como se la llama—, en 1974. Ambos habían llegado de diferentes lugares, buscando nuevas oportunidades en la vida.

Mi papá, de New Jersey, y mi mamá hacía unos años se había mudado de Puerto Rico. Fue «cosa de Dios», como diríamos por ahí. Dios tenía un plan. Contrajeron matrimonio un año después de conocerse, siendo jovencitos: él tenía dieciocho años y ella diecisiete. Al poco tiempo, mi mamá ya estaba embarazada de mí. En dos ocasiones estuvo en peligro de perderme por motivos de salud y por un accidente automovilístico muy grave, pero Dios estaba con nosotras. El 13 de enero de 1976, un día muy frío en Chicago, nací yo. Mi mamá no recordaba muy bien cómo escribir el nombre que había escogido para mí (parece que era raro), así que finalmente decidió que me llamaría Julissa. Ella no lo sabía en ese momento, pero proféticamente me dio un nombre que significa: «universalmente amada».

Mi papá siempre ha tenido la habilidad natural de contar historias de una manera cautivante. Nos fascinaba escucharlo. Realmente, disfrutábamos sus relatos. A través de imágenes auditivas, nos hacía trasladarnos a cada escena y hasta nos convertía en protagonistas.

Sin embargo, de todas las anécdotas y fábulas que escuchamos, la historia que más nos asombró fue la narración de los orígenes de la vida humana. Yo apenas tenía cinco años y recuerdo que junto a mi hermano, escuchamos atónitos la historia de la creación.

Me cautivó tanto que enseguida quise saber más:

—Papi, cuéntame otra historia de Dios —le dije, con la esperanza de conocer más sobre los comienzos de la vida humana y del Creador.

—Por supuesto— respondió, disfrutando su éxito como narrador, y de inmediato nos trasladó al huerto del Edén, para hablarnos de Adán y Eva.

¡Bien! A tan corta edad, aquella fue una semilla que me esclareció muchas dudas y me inquietó para conocer más acerca de Dios. Aunque mis padres no asistían a la iglesia con frecuencia, sí creían en Él y nos inculcaron la fe y el temor de Dios. La única que realmente iba a una iglesia cristiana, para ese entonces, era mi abuelita, «Mamita», como todos la llamamos.

Sin embargo, la historia de la creación que mi padre sembró en mi corazón empezó a germinar rápido. A tan temprana edad, creció en mí el deseo de escuchar más relatos de Dios, así que a los siete años comencé a ir, junto con mi abuela, a una pequeña iglesia cristiana llamada Canaán, en mi ciudad natal. La primera vez que fui, asistí a la Escuela Dominical. Recuerdo haber bajado unas escaleras para llegar a un sótano donde se reunían los niños. Al entrar al salón, me saludó una mujer con una sonrisa especial; su nombre era Gloria. Aquella sonrisa amorosa todavía está fresca en mi mente. ¡Ella fue tan buena conmigo! ¡Me hizo sentir tan especial! Esa mañana enseñó sobre Jesús y Nicodemo. Me impresionó tanto la historia que cuando hizo un llamado para ver quién quería entregarle su corazón a Jesús y así nacer de nuevo, yo alcé mi mano y lo reconocí como mi Salvador y Señor. Estaba tan emocionada que, desde entonces, no quise perderme un culto y, mucho menos, la escuela dominical. Dentro de mi corazoncito ardía un deseo por Dios.

Quizás nunca llegue a definir con claridad cuál enseñanza o qué palabras influyeron en mí para despertar en mi corazón la necesidad de amar y obedecer a Dios. Aquel día vi algo especial en la sonrisa de Gloria que me hizo sentir el amor del Señor. Lo cierto es que, desde entonces, he sentido pasión por las cosas de Dios, con un carácter cristiano y una fe sembrada en mi corazón desde los primeros años de mi vida.

El propósito de Dios es evidente aunque seamos niños. Por eso Jesús dice en la Palabra: «Dejad a los niños venir a mí, y no se lo impidáis; porque de los tales es el reino de los cielos» (Mateo 19.14).

Por supuesto que en mi mente infantil todavía no podía asimilar ni interpretar las implicaciones del reino de Dios, pero mientras crecía y maduraba pude entender que Él tenía algo preparado para mí.

Desde que tengo uso de razón, he tenido una inclinación particular por las artes. Siempre soñé con ser cantante y bailarina. Cuando era niña, me gustaba ver un programa de música en el cual participaban las mejores bandas y cantantes. Antes de presentar a algún artista, salía el grupo de baile, como un preludio de lo que venía. ¡Era todo un espectáculo! A esa temprana edad, yo quería ser parte del show. Mis intenciones frente al televisor iban más allá del de una espectadora más. Con mucha determinación, tomaba un cepillo (que ya en mis manos se convertía involuntariamente en un micrófono), y empezaba la función. Me transformaba en protagonista, cantando y bailando en el programa. Dentro de mí había un deseo de expresar lo que estaba en mi interior, pero a los cinco o seis años, no entendía bien el porqué.

A decir verdad, mi niñez transcurrió con normalidad, escuchando las enseñanzas bíblicas que me cautivaban y soñando con la música y la actuación.

No obstante, a los once años, mi vida dio un giro excepcional, el día en que decidí aceptar la invitación de una amiga y vecina, para asistir a la iglesia Rebaño Compañerismo Cristiano. En aquella congregación, pronto descubriría lo que ahora entiendo que es la razón por la que fui creada.

Mientras caminábamos hacia la entrada principal del templo, comenzaron a resonar los ritmos contagiosos de la música alegre que se estaba interpretando. Mi amiga y yo apresuramos el paso y, cuando entramos, me impresionó ver a un pueblo completo alabando y glorificando a Dios: saltaban, sonreían y danzaban festivamente. En aquella atmósfera espiritual, comenzaron a adorar a Dios. De inmediato bajó su presencia e inundó el lugar. Comencé a llorar porque sentía y veía algo que nunca había experimentado. Hoy, retrospectivamente, estoy segura de que fue parte del plan divino para mi vida y mi primer encuentro con un ministerio musical, tal como lo conocemos actualmente. Mientras le cantaba a Dios, más me llenaba de su presencia. Me sentí segura. Pensaba en lo mucho que me gustaba cantar y me sentía realizada. Aquel día tuve un encuentro con lo que, más adelante, sería el propósito de mi vida. Algo sucedió en mí que empezó a tener más sentido, como una pieza que encaja con otra. Comprendí que la razón por la cual me sentía cómoda cuando cantaba y alababa a Dios era porque me había creado para eso y para que me deleitara en su presencia.

Emocionada por la palabra que había escuchado y por lo que había experimentado, le pedí a mi vecina que me siguiera invitando, ya que mis padres no iban a la iglesia (Dios todavía tenía que tratar un poco más con ellos).

Fue en ese lugar, precisamente, y a esa edad que comenzó mi historia musical. Dios tenía un plan y empezó a moldearme y a prepararme para Él. En ese momento, se convirtió en el arreglista que iba a acomodar mi vida da tal manera que la pudiera vivir al ritmo Suyo.

UNA «GENERACIÓN ESCOGIDA» Y CONQUISTADORA

2

«Mas vosotros sois linaje escogido, real sacerdocio, nación santa, pueblo adquirido por Dios, para que anunciéis las virtudes de aquel que os llamó de las tinieblas a su luz admirable» (1 Pedro 2.9).

A la edad de doce años empecé a participar en algunas actividades de la iglesia. Gracias a Dios me congregaba en una que estaba lista para entrenar y equipar a los niños y jóvenes en el ministerio. Empecé ayudando en la sección de párvulos de la iglesia. Luego, con el ministerio de los niños, hasta llegar al de adoración y alabanza. ¡Qué emoción para mí! Ya podía participar cantando con el coro de la iglesia. Me sentí importante para Dios.

Al pasar uno o dos años se formó un ministerio de jóvenes. Durante los años 90, la sociedad quiso darle a mi generación (todos los que nacieron de 1965 hasta 1990, que eran los hijos de los *baby boomers* [los que nacieron después de la segunda guerra mundial hasta el 1964]), el nombre de Generación X. Nos llamaban así porque, supuestamente, no teníamos identidad; éramos una generación floja que no quería estudiar ni trabajar. Por supuesto, la Iglesia creía en alentar a la juventud para contrarrestar aquel estigma de la sociedad con nosotros, así que la agrupación emergente de nuestra congregación fue llamada «Generación Escogida». Estábamos determinados a «hacer una diferencia» dondequiera que fuéramos, especialmente en la ciudad de Chicago. Y no era para menos, pues nuestra congregación estaba asentada en una parte de la ciudad donde había muchas pandillas, violencia y drogas. La visión era hacer algo que pudiera marcar a nuestros jóvenes y a todos aquellos que vivían en los alrededores. Empezamos a trabajar e hicimos un programa radial que pudiera ser de bendición a las personas, especialmente, a los jóvenes oyentes.

La iglesia organizó un evento llamado Youth Prevention and Outreach Program [Programa de prevención para la juventud de la ciudad]. Les ofrecíamos una alternativa positiva a la vida que muchos de ellos vivían. Íbamos a los vecindarios de la iglesia a tocar las puertas y a difundir el mensaje de salvación con las familias de Humbolt Park, en Chicago.

Mientras evangelizábamos al vecindario de la iglesia, a mí me tocaba hacer doble trabajo, ya que también estaba evangelizando a mi propia familia, a mis padres y hermanos. Finalmente, en marzo de 1990, pude ver cómo ella se unía a mí en la búsqueda de Dios, en nuestra congregación. ¡Por fin, juntos en el servicio al Señor! ¡Qué victoria para mí! Hoy entiendo que la conversión de mi familia, aquel día, fue más relevante de lo que yo creía, por su incondicional apoyo en el posterior desarrollo de mi ministerio.

Además de evangelizar, hacíamos grupos de oración en los que nos reuníamos a orar por lo que estaba pasando con nuestra juventud. Recuerdo que, en una ocasión, hicimos una fiesta gigantesca, un *pizza party*. Invitamos a todos los jóvenes del vecindario y nos gozamos porque, además de comer, tuvimos música en vivo e hicimos un drama. Había una gran expectación porque el local estaba lleno. Al final, se hizo el llamado para todos los que querían cambiar su manera de vivir y entregarle sus vidas a Cristo. El Espíritu Santo tocó a los invitados y muchos jóvenes pasaron, incluyendo a unos pandilleros muy reconocidos del área.

¡Fue toda una victoria! A esto nos ha llamado el Señor. Él nos dice en su Palabra: «Mas vosotros sois linaje escogido, real sacerdocio, nación santa, pueblo adquirido por Dios, para que anunciéis las virtudes de aquel que os llamó de las tinieblas a su luz admirable» (1 Pedro 2.9).

Cuando el Señor llama a Josué para llevar al pueblo de Dios del desierto a conquistar la tierra prometida, le dice: «Mira que te mando que te esfuerces y seas valiente... ni desmayes porque Jehová tu Dios estará contigo en dondequiera que vayas» (Josue 1.9). Dios le dice eso, primero porque Josué se encontraba rodeado de personas que no supieron creerle a Dios y, por ello, se convirtieron en una generación con poca identidad. Llegó un momento en el que se pusieron muy cómodos en el desierto y, antes de tener que trabajar o luchar un poco para obtener lo que Dios les había prometido, prefirieron quedarse dando vueltas en el mismo lugar. Esa es la razón por la que Dios decide levantar a alguien que tuviera el coraje para marcar a su generación y lograr que se cumpliera Su propósito para esa nación. Segundo: Él se lo dice porque la tarea que Josué enfrentaba no era fácil. Sin embargo, no tenía por qué temer, porque el mismo Dios lo había escogido y también lo equipaba para conquistar lo que le pertenecía a él y a su nación.

Dios quería levantar la generación de Josué para convertirla en una generación escogida y conquistadora. De igual manera, nosotros somos llamados a marcar y a transformar esta sociedad para Dios. Él nos equipa… Tenemos que estar seguros de que, si nos llamó, también nos adiestrará y perfeccionará la obra en nosotros.

Igualmente es importante poner en acción tu fe y la Palabra de Dios en tu vida, para luego salir a conquistar. ¿Sabes? Hay mucha gente en este mundo que está esperando que se levante alguien y la lleve a conquistar su tierra prometida. ¡Hay tanta necesidad! Pero es preciso que sean valientes como lo fue Josué. Jesús dijo en una ocasión: «La mies a la verdad es mucha, mas los obreros pocos» (Lucas 10.2).

Cuando tenía dieciséis años fui, en mi primer viaje misionero, a Honduras, junto con otros seis jóvenes que formaban parte del grupo Generación Escogida. Nunca se me olvidará, porque en ese viaje Dios trató mucho con mi vida.

Recuerdo un día en que decidimos caminar un rato, después de haber comido en casa de unos hermanos. Luego de unos cuantos minutos, nos llamó la atención una casita que encontramos. Nos parecía imposible que ahí viviera alguien. Desconcertados por aquella condición social, decidimos seguir nuestra caminata cuando, a lo lejos, observamos a una joven que venía cargando con dificultad unos sacos inmensos. Inmediatamente dos de los jóvenes fueron a ayudarla. Cuando se acercaron a nosotros,

empezamos a platicar con la muchacha y a
preguntarle por qué cargaba esos sacos,
evidentemente, tan pesados para ella. Su historia
nos impresionó porque traspasaba los linderos de
lo que era la vida normal de un joven de la ciudad
Chicago, donde vivíamos. En aquellos sacos, ella
cargaba cocos para extraerle el aceite, a fin de
preparar pan artesanal para vender. Con aquellos
productos debía sostener a dos hermanitos que
tenía a su cargo. Nos contó que su mamá los había
abandonado y su hermana mayor se había ido a la
capital, en busca de trabajo, para ayudarlos. Solo
quedaban ella y sus hermanitos. Para nuestra
sorpresa, vivían en la pequeña casita que habíamos
visto minutos antes. Sentí una gran compasión.
Empezamos a hablarle de Jesucristo y ella, muy
atentamente, escuchó y lo aceptó.

Después que oramos por ella, le dije:

—No sabemos tu nombre ni tu edad.

De inmediato, nos miró con su pausada sonrisa
y contestó:

—Yo me llamo Julissa y tengo dieciséis años.

¡Oh! Aunque soy consciente de que el resto de mis compañeros fueron conmovidos, para mí, fue algo especial. ¡Te imaginas encontrarte en otra parte del mundo, a alguien viviendo en esas condiciones coincidentemente, con tu mismo nombre y edad!

El mensaje para mi vida fue claro. Les confieso que en ese momento aprendí a ser agradecida por todo lo que el Señor me había dado; tanto que cuando llegué a mi casa abracé mi cama y todo lo que tenía. A veces, hacen falta viajes como ese para que sepamos lo afortunados que somos muchos y aprendamos a apreciar lo que tenemos.

Esa joven estaba esperando que alguien llegara a sacarla de ese pequeño desierto en el cual se encontraba y le diera esperanza, que dijera que había algo más para ella y para sus hermanos.

Así se encuentra mucha gente. Y no necesariamente tienes que ir a un viaje misionero para darte cuenta de la necesidad que hay a tu alrededor de influir en las vidas de los demás. Puedes hacer una diferencia ahí donde estás, en tu país, comunidad, iglesia, escuela, etc. También recuerda que, para llevar la esperanza de Dios a otros, es importante que te prepares en todo sentido, y en la Palabra.

¿Cómo me preparo yo para esto?, te preguntarás. Bueno, Dios le dijo a Josué que se esforzara y fuera valiente. Tuvo que hacerlo, junto con el pueblo, para lograr la conquista. Lo primero que vas a hacer es esforzarte y prepararte para el futuro. Cuando te hablo de preparación, no solo me refiero a lo espiritual, sino también a lo personal, profesionalmente. No todos somos llamados a las misiones o a ser evangelistas o pastores. Algunos lo somos a ser maestros o a alabar a Dios y a animar a la gente con la música y el canto, a elevar a nuestra audiencia a la presencia de Dios, a través de las artes. Otros, a través de los medios de comunicación y aun otros trabajando con los líderes importantes de nuestros países.

Esto no solamente se logra con la unción de Dios, sino con la preparación que tengas en tu campo. ¡Sé el mejor en lo que hagas! ¡Qué lindo es poder combinar las dos cosas y usarlas para que Dios se glorifique a través de ti, y poder influir a tu generación como alguien que se esforzó en todo sentido de la palabra, para Dios y para el mundo.

Ahora, lo otro que Dios le dijo a Josué es que fuera «valiente». El reino de Dios se hace fuerte, pero solo los valientes lo arrebatarán. Josué y los hijos de Israel tenían que conquistar la tierra que Dios les había prometido, pero para llegar a ella tenían que cruzar el río Jordán y conquistar Jericó, una ciudad amurallada.

No solamente se esforzaron estos hombres de Dios, sino que tuvieron que llenarse de denuedo, valentía y coraje para poder lograr la conquista.

Muchos de nosotros sentimos el llamado para hacer ciertas cosas y nos preparamos en un área de trabajo, pero nos encontramos enfrentando ciertos obstáculos que tratan de frenarnos. Tal vez sientas que tienes que, literalmente, «cruzar un río en tu vida» o que hay una muralla que te está rodeando que te impide alcanzar tu propósito o llegar a tomar lo que es tuyo o ejercer ese llamado. Es ahí donde nos tenemos que revestir de esa valentía para conquistar lo que es nuestro. Y tú puedes porque eres una persona fuerte y valiente en Él.

Hay varios cristianos que he aprendido a admirar por sus esfuerzos y valentía en el reino de Dios y en nuestra sociedad. Entre ellos, está el evangelista Yiye Ávila, un hombre que ha dado todo para que el mensaje de salvación sea predicado en toda la tierra. Incluso, él dice que no puede morir hasta ver cumplir esa encomienda en su vida.

Otro hombre de Dios que ha influido a otros seguidores de Jesús es el Rev. Luis Cortes, fundador de la organización Esperanza USA. Es un hombre que no solamente tiene su preparación espiritual, sino también varios doctorados. Él es alguien que Dios ha levantado en estos tiempos y le ha dado gracia ante los ojos de los líderes de varios países, incluyendo al presidente de Estados Unidos, para que el clero y el pueblo latino dentro de esta nación tengan una voz. Es un hombre que no solo ha sido pastor y evangelista, sino que es un visionario. Su anhelo es que el mundo entienda que hay esperanza en Jesús. Así, también, hay otras personas a quienes admiro muchísimo y que han servido de modelo, con una pasión y amor a la humanidad, digna de imitar.

UN CORAZÓN
QUE ANHELA A DIOS

3

«Como el ciervo brama por las corrientes de las aguas, así clama por ti, oh Dios, el alma mía. Mi alma tiene sed de Dios, del Dios vivo» (Salmos 42.1-2).

¡Qué lindo, poder servir a Cristo y ser amigo de Él! Me encanta el tema musical de Israel Houghton, *Friend of God* [Amigo de Dios]. Yo tengo música de alabanza y adoración para niños en mi auto y, cada vez que sale esa canción, mis hijos y yo la cantamos en voz alta. ¡Qué privilegio, poder decir que Dios es mi amigo, que yo soy amiga suya!

John Michael, mi hijo mayor, después de haberla escuchado por primera vez, me dijo: «Mami, Papá Dios es mi amigo».

¡Qué lindo que un niño pueda entender que tiene un amigo fiel que se llama Jesús! Cuando Dios creó al hombre, lo hizo con la intención de tener una relación de amistad con él, una amistad sincera con el que hizo todo, con el «Supremo».

¿Recuerdan lo que pasó en el huerto del Edén? A causa del pecado, hubo una separación entre

Dios, el Creador y nosotros, su creación. Por eso es que vino Jesucristo. Con su sacrificio pudo salvar y restaurar lo que se había perdido y, entre eso, la relación entre Dios y nosotros.

Cuando uno llega a conocer esa amistad que nos brinda el Señor, ese amor y esa paz que sobrepasan todo entendimiento, lo único que anhela tu alma es más y más de él y menos de sí mismo y de lo que este mundo pueda ofrecer. Afortunadamente, durante mi juventud pude experimentar ese amor divino y esa pasión por la obra.

Cuando cumplí diecisiete años, estaba muy involucrada en varios ministerios en mi iglesia y entendí la necesidad de buscar a Jesucristo de corazón. Tenía que hacerlo y llenarme de Él para poder ministrar a los demás. No solo participaba en el ministerio de alabanza de la iglesia, sino que además era maestra de Escuela Dominical, líder de jóvenes y dirigía, junto con otros, el programa radial de «Generación Escogida». Además, por supuesto, también debía cumplir mis responsabilidades en la escuela.

¿Cómo hacía para estar en todo eso? Todavía me hago esa pregunta. El secreto era que me había enamorado de Jesús, era lo más importante en mi vida. Su presencia (la del Espíritu Santo) era una constante en mi vida. A decir verdad, en ella no había espacio para nada más. Claro, tenía mis amistades y salíamos y pasábamos tiempos maravillosos, pero de igual manera me cuidaba de no perder esa relación que tenía con el Espíritu Santo.

Recuerdo que, en mi último año de escuela superior, un muchacho me invitó a un *Homecoming dance*, una fiesta muy popular que se hacía cada año en la escuela, y yo le dije que no iba a poder acompañarlo porque tenía un servicio muy especial en mi iglesia y no me lo quería perder. Parece que se sintió ofendido y me dijo sarcásticamente:

—Tú nunca vas a ninguna de las fiestas. Ya entiendo, eres una *churchgirl* (niña de iglesia). Me imagino que tampoco tienes novio. ¿Qué pasa? ¿Nadie supera tus expectativas? ¿Estás esperando que un príncipe azul baje del cielo? —me cuestionó.

—Estás en lo correcto, estoy esperando al príncipe azul que Dios tiene para mí. Y si no voy a las fiestas de ustedes, es porque tengo otras prioridades. No tengo tiempo que perder —le contesté con firmeza.

Por supuesto, no le gustó mi respuesta, pero era la verdad. En cuanto a mí, claro que me gustaba salir, pero prefería ir con jóvenes que tuvieran algo en común conmigo.

De más está decir que me agradaban los muchachos (¿a qué jovencita, no?) y como todas, tuve esos amores platónicos que suelen tener los jóvenes; pero lo cierto es que no estaba preparada para tener un novio o para entrar en una relación amorosa porque tenía otras prioridades como mis estudios y el ministerio. Además, no había encontrado al candidato adecuado.

Más allá de devoción a Dios, mi lógica me decía que no debía ilusionarme con alguien que no fuera para mí. Pienso que muchas veces cometemos el error de fijarnos y hasta enamorarnos de personas que no son compatibles con nosotros, simplemente porque sentimos la presión de grupo o la necesidad de tener que estar con alguien. Le damos parte de nuestro corazón a una persona equivocada, para después caminar con el corazón hecho pedazos por una mala decisión. Es importante que siempre escuches el consejo de tus padres o líderes espirituales. Yo soy de las que piensa que si estás en Dios, Él ya tiene tu historia de amor escrita.

El apóstol Pablo decía: «Puestos los ojos en Jesús, quien es el autor y consumador de la fe» (Hebreos 12.2). Si solo escuchas atentamente la voz del Señor y lo buscas de corazón y no quitas la mirada de Él, podrás escuchar, entender y ver ese plan divino y perfecto que tiene diseñado para ti, incluyendo esa persona con la cual pasarás el resto de tu vida. Pero hablaremos más de eso en otro capítulo. Primero, quiero hablarte de mi primer amor, Jesucristo.

¿Sabías que hay un orden divino para todas las cosas? Ese orden dice que «si buscamos primeramente el reino de Dios y su justicia», todas esas cosas nos serán añadidas. Jesús no dijo algunas cosas, sino que TODAS las cosas (por supuesto, todo lo que sea su voluntad). Yo entendí que si lo hacía de esa manera, Dios me iba a honrar.

Recuerdo una vez, después de haber pasado por una de esas pruebas en las que uno piensa que el mundo se le está haciendo pedazos, que me sentí desilusionada de la vida. De hecho, ahora sé que no era nada muy grande; pero con mi poca experiencia de joven en aquel momento, así parecía. No entendía ciertas cosas que estaban sucediendo en mi vida y sentí que necesitaba que alguien me agarrara por la mano y me dirigiera, o me alumbrara el camino y me diera aunque fuera una señal por dónde tenía que ir. La cosa es que ni mis padres ni mis pastores lo podían hacer por mí.

Ya era una joven con suficiente capacidad para entender los desafíos de esta vida.

Una vez más, me incliné a orar y clamé al Señor, al único que puede dirigirnos y aun darnos consuelo en momentos difíciles. Con lágrimas en mis ojos, le dije: «Señor, tu Palabra dice que si yo clamo a ti, tú me responderás y me enseñarás cosas ocultas que nadie conoce. Tu Palabra también me dice que tienes "pensamientos perfectos acerca de mí, pensamientos de paz, de bien y no de mal" para darme ese futuro que yo tanto espero», oré, todavía confundida. «Yo sé que los jóvenes a veces tendemos a flaquear en nuestra fe y, tal vez, algunos caen, pero los que confían en ti, Jehová, levantarán las alas como las del águila, caminarán y no se fatigarán, correrán y no se cansarán. Necesito que me hables y me hagas entender lo que tienes para mí. Tu palabra es lámpara a mis pies y es la que alumbra mi camino».

Sentía que su presencia inundaba mi ser y, mientras oraba, le dije al Señor que le quería servir de corazón, que quería serle fiel en todo y honrarlo con mi vida. «Señor, te prometo darte lo mejor de mí, todo lo que le concierne a Julissa; solo te pido que me guardes y me bendigas a tu tiempo y hagas cumplir todos esos sueños y deseos que hay en mi corazón. Señor, si puedes usar a alguien, úsame a mí», le expresé, desde lo más profundo.

En ese momento, abrí la Biblia y, en el libro de los Salmos 138.8, el Señor me habló directamente: «Jehová cumplirá su propósito en mí; tu misericordia, oh Jehová, es para siempre; no desampararás la obra de tus manos».

¡Oh, qué palabra tan poderosa! El Señor me ministró como nunca. Dios no me tuvo que hablar a través de un profeta, en ese momento, para que entendiera que tenía un plan para mi vida, sino que me habló por medio de su Palabra que es vida y la que alumbra nuestro camino. ¿Sabes qué? Dios empezó a trabajar a mi favor.

Él está esperando tu disposición para poder empezar a perfeccionar ese plan y esa obra en ti. Acuérdate que Dios es caballeroso y no va a imponer su plan o voluntad sobre tu vida. Es necesario que te rindas, lo busques de corazón y lo desees.

Después de estar ministrando con el grupo de alabanza de la iglesia por casi cinco años, surgió la oportunidad de cantar con el grupo musical de jóvenes, que se llamaba también «Generación Escogida». Grabamos varios discos y salimos a ministrar en conciertos, en nuestra ciudad y en varios países.

El Señor comenzó a darme a probar lo que tenía para mí. Fue el comienzo de una etapa nueva y linda en mi vida. Por fin iba a poder compartir esa pasión que tenía por Dios con otras personas, pero a través de la música. Fue precisamente en un viaje cuando fui a Puerto Rico para grabar el cuarto disco de «Generación Escogida», que me cambió la vida para siempre.

MI HISTORIA DE AMOR (PRIMERA PARTE)

4

Me considero una persona romántica. Uno de mis temas favoritos es el amor. Me encanta ver películas en blanco y negro que tengan que ver con él y, sobre todo, las comedias románticas. Creo que, por ser mujer, no es nada fuera de lo común. Cuando era una niña siempre quise tener a mi príncipe azul, como en los cuentos de hadas. La cosa es que, cuando entré a mi etapa de juventud, de igual manera esperaba ese príncipe. A mis amigas y a mí nos encantaba hablar acerca de cómo serían ellos. Un día, mientras almorzábamos, mis dos mejores amigas, Liza y Liana (que formaban parte del grupo musical conmigo) y su mamá, la pastora Ruth Mercado, comenzamos a hablar de lo que queríamos en nuestras parejas. Mientras almorzábamos en aquel restaurante mexicano en la ciudad de Chicago, y después de escucharnos hablar un rato y describir todos los atributos físicos e intelectuales que queríamos en nuestros esposos, la pastora nos miró y nos dijo: «Las he escuchado hablar sobre sus "esposos" y las características que desean en ellos, y es bueno que desde ya entienden lo que quieren en un hombre. Todo lo que han dicho suena muy bien y hasta atractivo, pero les quiero dar un consejito. Si ustedes quieren tener matrimonios bendecidos y saludables, es importante que se enamoren de un hombre que ame a Dios sobre todas las cosas, un hombre que tenga un corazón conforme al de Dios y entienda el llamado de Dios a ustedes y sepa apreciarlas como mujeres de Dios», nos dijo con su tono de esposa experimentada.

«¿De qué te vale tener a un hombre de buen parecer y que no ame a Dios de la misma manera que tú o que sea obstáculo para el llamado de Dios en tu vida? Yo les aconsejo a cada una que comience a orar por su esposo desde ahora y verán que Dios no solamente les va a dar a esa persona que tiene para cada una de ustedes, sino que también tendrá todos esos atributos físicos e intelectuales que ustedes desean», nos explicó.

¡Hurra! ¡Qué consejo tan sabio nos dio la pastora Ruth! A esa edad, yo jamás hubiera pensado en orar por mi esposo y pensé: «¿Será verdad que Dios tiene a alguien especialmente diseñado para mí? Si tengo dieciséis años, ¿cómo voy a orar por una persona que no he visto ni conozco? Y los jóvenes de mi edad están en la «onda» de conocer a otros y «pasarla bien».

Sin embargo, acepté el consejo y comencé a orar por esa persona especial con la cual pasaría el resto de mi vida. Y no solamente oraba, sino que llegué hasta a escribirle una carta a Dios (por si las moscas, ¡je, je!; carta que por cierto todavía guardo...) con todas las especificaciones que quería en ese muchacho y otras cositas más que quería en la vida. Y cada vez que conocía a un joven me acordaba de mi oración y de mi carta. Y, de alguna manera, Dios me daba a entender que los candidatos que yo tenía en línea no eran para mí.

Pasaron como tres años y nada sucedía. Ya en la universidad, observaba que la mayoría de los jóvenes tenían sus parejas. Así que fui de nuevo a orar y le pregunté: «Señor, ¿cuándo llegará mi príncipe?»

¿Por qué será que nos impacientamos? Así me sentía yo, impaciente, porque todo el mundo a mi alrededor tenía una pareja, menos Julissa.

En la primavera de 1995, la iglesia estaba por celebrar el segundo *Christian prom*, un evento dedicado completamente a la juventud cristiana, donde se invitaba a un ministerio musical que pudiera traer un concierto y trabajar con la música y la palabra a los jóvenes que estaban presentes; sobre todo, a aquellos que comenzaban una etapa nueva en su vida, al entrar a la Universidad. Era un evento como el *prom* (baile de gala estudiantil), pero mejor, porque era la versión cristiana. Dicho sea de paso, si eres líder de jóvenes, esta es una alternativa excelente a la fiesta *prom*, tan celebrada por los chicos en edad escolar. Como la costumbre de los *proms* es ir acompañado de alguien, un joven de mi iglesia me invitó a ser su pareja en el *Christian prom* y yo, muy emocionada, dije que sí. A raíz de que íbamos a ir juntos a ese evento, comenzamos a hablar con más frecuencia por teléfono y en la iglesia, hasta que casi nos hablábamos todos los días. Poco a poco, nos fuimos dando cuenta de que habíamos desarrollado sentimientos el uno por el otro. Se celebró la fiesta del *Christian prom* y, como al mes, nos hicimos «novios». Yo estaba emocionada porque, por fin, tenía un «novio» que era cristiano e íbamos a la misma iglesia.

¿Qué podía ser mejor que eso, llegué a pensar? Pero, la verdad es que sí había algo mejor, solo que en ese momento no lo entendía y, con el tiempo, me iba a dar cuenta.

Pasaron varios meses y en el otoño de ese mismo año mis mejores amigas se iban a estudiar a Liberty University, una universidad cristiana en el estado de Virginia, lo cual me entristeció mucho. Pero sabía que Dios tenía un plan en todo lo que estaba sucediendo a mi alrededor.

Mis amigas se fueron y yo me quedé estudiando en Chicago. Durante ese tiempo, Dios comenzó a tratar conmigo a solas. Crecí y maduré en muchas áreas de mi vida. En el proceso, el Espíritu Santo comenzó a inquietarme acerca de la relación que mantenía con mi «novio». Dentro de mí sentía que algo no estaba bien, como si esa relación no debiera existir; pero como tenía a alguien que podía llamar «novio», ignoré ese aviso del Espíritu; por un momento, me cegué. ¿Has escuchado decir alguna vez que «el amor es ciego»? Yo pensé que todo iba bien. Mi novio era cristiano y éramos de la misma iglesia; amaba a Dios, tenía buenas cualidades (pero no todas las que le había pedido al Señor en un muchacho). Como yo era una novata con respecto a una relación con un chico, llegué a pensar que el sentimiento que tenía hacia él era amor y comencé a abrirle, poco a poco, mi corazón. No obstante, cada vez que comenzaba a orar y a presentarle al Señor la situación, volvía a sentir esa inquietud espiritual; pero, como seguía ignorándola, tuve que aprender «a la brava», como decimos en Puerto Rico. Llegó el momento en que comenzamos a tener desacuerdos y problemas. Por unos cuantos meses sentí que mi vida estaba en una montaña rusa emocional. Mis padres, que siempre me han apoyado y han estado pendientes y presentes en cualquier situación en mi vida, se dieron cuenta de lo que ocurría y se sentaron a hablar conmigo.

«M'ija, como somos tus padres, queremos lo mejor del mundo para ti. Sabemos que estás muy entusiasmada con tu novio, pero no estamos de acuerdo con el trampolín emocional que estás viviendo. Eres una joven con buenas cualidades y, si tu novio ahora no sabe apreciarte por lo que eres, jamás lo hará como esposa. Nosotros entendemos que Dios tiene cosas muy grandes para ti y no queremos que nada interfiera en el plan que Dios tiene trazado para tu vida. No sabemos que pensarás tú, pero sentimos que este muchacho no es para ti. Es mejor que termines esa relación, antes que empeore», me dijo con determinación mi papá.

Esas palabras, para mí, fueron como una medicina que uno sabe que tiene que tomar, pero no quiere porque no es agradable. En mi corazón sabía que lo que mis padres me habían dicho era verdad. Yo lo estaba sintiendo, solo que me estaba haciendo de «oídos sordos», ignorando la voz de Dios.

Pensaba que estaba «enamorada», sabía que los sentimientos de ambos estaban ligados y no quería herirlo a él ni a mí misma. Y pensé, por un momento, lo que dice la Palabra: «Sobre toda cosa guardada, guarda tu corazón; porque de él mana la vida» (Proverbios 4.23); pero, también dice: «engañoso es el corazón más que todas las cosas» (Jeremías 17.9).

Es decir, en el corazón llevas la vida, llevas sentimientos, emociones, y es lindo dejarse llevar por tu corazón y tus emociones cuando sabes y ves que hay un respaldo del Espíritu Santo y de los que te aman; pero si no lo hay, entonces tu escenario se ha convertido en una zona de peligro.

La verdad era que yo tenía que hacer algo porque no solamente mis padres me lo estaban advirtiendo, sino también mis pastores y otros líderes que respetaba muchísimo. No era coincidencia que todos me estuvieran diciendo lo mismo.

Dios nos ama tanto que usa a personas como nuestros padres y líderes espirituales para cuidarnos y aconsejarnos. Yo sabía que tenía que tomar una decisión. Era escuchar la voz de Dios y de los que me amaban, aunque tuviera que llorar un poco al momento (la Biblia dice que la obediencia vale más que el sacrificio), o no hacerle caso a nadie y dejarme llevar por mis sentimientos y la pena, y luego tener que lamentarlo por el resto de mi vida.

La verdad que fue difícil tener que tomar esa decisión, pero ya ambos sabíamos que no iba a funcionar; y un domingo por la tarde —un año después de habernos hecho novios—, terminamos nuestra relación. Recuerdo que lloré y lloré (cuánto lloramos las mujeres). Sin embargo, a pesar de que mi corazón estaba triste, estaba tranquila porque sabía que Dios estaba controlando todo. Solo que en ese proceso le dije a Dios que no me quería enamorar o darle mi corazón a nadie más que no fuera la persona que Él tenía para mí.

Lamentablemente, en los tiempos que estamos viviendo hay muchos jóvenes cristianos que se están enamorando de personas que no son compatibles con ellos. Cada día vemos más separaciones y divorcios en la iglesia, a causa de muchas malas decisiones que se toman, en cuanto a sus relaciones amorosas; sea por sentimientos, pena, rebeldía o cualquier otra razón.

La verdad es que, actualmente, nadie está exento de nada; ni tú ni yo. La Biblia dice que Satanás anda como «león rugiente» viendo a quién puede devorar. El deseo del enemigo es destruir tu futuro y todo lo que te concierne; especialmente, si estás en el ejército de Dios; pero es ahí donde nos tenemos que revestir de la armadura, el poder y la sabiduría de Dios y buscar las alternativas para combatir las asechanzas de nuestro adversario.

Como joven, es importante buscar el consejo de Dios y de tus padres acerca de la persona con la cual piensas establecer una relación amorosa.

¿Sabías que el «yugo desigual» no es solamente para referirse a una pareja en la que uno es cristiano y el otro no, sino que aun dentro del cuerpo de Cristo hay «yugos desiguales» o relaciones no compatibles? Precisamente, por esta razón, es que hay que ser prudentes cuando escogemos. Mira la situación en la cual me encontré. Si no hubiera escuchado la voz de Dios y la de mis padres (y no me canso de decirlo), no estaría donde estoy hoy. Quizás mi vida hubiese sido otra. No es que Dios no hubiera cumplido su propósito en mí, pero tal vez las circunstancias no serían tan favorables a causa de la desobediencia. Sin embargo, le doy gracias porque me protegió. Sus caminos no son mis caminos y sus pensamientos son más altos que los míos; además, dice la Palabra: «Mis tiempos están en tus manos…»

Hay una canción que canta La Tribu de Benjamín que se titula «Polos opuestos». Es la historia de un chico cristiano que está enamorado de una chica; pero, en verdad, son dos «polos opuestos». Si te encuentras en una relación similar, pídele a Dios su guía para salir de ella. Pídele que te dé una fórmula ganadora que te lleve a enamorarte de esa persona idónea que Él diseñó para ti. Sé paciente porque las cosas buenas les llegan a los que esperan y, sobre todo, los que esperan en Jehová.

Polos opuestos

Ella vive en su mundo
y yo en mi planeta de paz.

Ella fundó su casa sobre la arena
y yo mi castillo de la eternidad.

Ella siempre dice lo que piensa
y nunca piensa como yo.

Ella navega en el Internet
y yo aferrado a mi fe.

¿Que más pruebas hacen falta?
No es compatible este amor.
Yo no caeré en la trampa,
no terminaré como Sansón.

No andarán dos juntos si de acuerdo no estuvieran.
No brotarán dos aguas de la misma fuente.
¿Qué comunión tendrá la luz con las tinieblas?
Si su vida, la mía, la noche y el día,
canción sin melodía.

Es que vale más
la sustancia que la belleza.

Abre tus ojos, recuerda que
tiene dos caras cada moneda.

MI HISTORIA DE
AMOR (SEGUNDA PARTE) 5

Después de aquella fuerte experiencia emocional me encontraba en la cocina con mi mamá, ayudándola, pero ella notó que yo estaba un poco melancólica por lo que había vivido en los últimos meses, así que levantó su voz con autoridad y me dijo: «Julissa, sé que estos últimos meses para ti no han sido fáciles, pero tienes que ser fuerte y poner todo en las manos de Dios. Él es perfecto y ya tiene ordenados tus pasos. No te preocupes por tu futuro, ni por la persona con la cual pasarás el resto de tu vida, porque ya Él tiene ese compañero perfecto para ti».

Inspirada por Dios, continuó hablando a mi corazón: «¡Lo sé! Imagínate, va a ser tan perfecto para ti que Dios te va a regalar un muchacho que complemente el llamado y el talento que te ha dado. No solamente va a amar a Dios, sino que será un instrumento en sus manos y será músico, compositor, arreglista y se encargará de producir tus discos», dijo en forma de consejo; pero en realidad estaba profetizando y no lo sabía. Yo abrí mis ojos y le pregunté:

—¿Crees que existe alguien así para mí, mami?

—¡Claro que sí! Créelo. Yo lo creo. Lo que Dios tiene para uno es para uno, me respondió una vez más, con seguridad.

Mi mamá siempre ha sido una mujer llena de fe, y esa tarde infundió esa fe en mi espíritu y la verdad es que me sentí mejor. Ella me dio una nueva esperanza. ¡Gracias a Dios por nuestras madres, que siempre están pendientes y tienen una palabra de aliento y esperanza para nosotros! Y si todavía no lo sabes, Dios es perfecto y tiene un plan perfecto para tu vida… ¡Créelo!

Se acercaba el tiempo de volver a grabar un disco con el grupo «Generación Escogida», y estábamos ansiosas mis amigas y yo, por trabajar en la nueva producción musical. El cantante René González nos había compuesto varias canciones y recomendó que grabáramos el disco en Puerto Rico, ya que allí había músicos excelentes y estudios de grabaciones completamente cristianos.

Llenas de emoción, a finales de 1996, mis amigas y yo viajamos a Puerto Rico a grabar la cuarta producción de Generación Escogida. Lo que no sabía yo era que ese viaje iba a cambiar mi vida para siempre.

Después de estar ministrando unos días por la isla, por fin llegó el de comenzar a grabar el disco. Ya los arreglistas y músicos llevaban un tiempo trabajando en la música y solo faltaba grabar las voces. Llegamos a Jabes Recording Studio listas para empezar. Al entrar al estudio vi los rostros de dos muchachos que había conocido aproximadamente siete meses antes, como los productores musicales del disco «Carpintero»: eran Mike Rivera y Wiso Aponte. ¡Qué privilegio, trabajar con ellos! Pues habían producido varios discos a distintos ministerios conocidos, entre ellos, los de Benjamín Rivera y René González. Empezamos a grabar, y la verdad es que estábamos a gusto con el ambiente que había. Todo el mundo tenía una buena actitud para trabajar.

A pesar de los talentos y habilidades que tenían los que nos rodeaban, eran personas muy sencillas. Pienso que eso hizo que nos sintiéramos a gusto.

Mientras iban pasando los días, empezamos a compartir más con Mike Rivera, ya que él cumplía la función de ingeniero de grabación. Me pareció un muchacho muy humilde y respetuoso, y digo eso porque estaba trabajando con tres muchachas solteras y, sin embargo, se mostró muy caballeroso. La verdad es que algo de él captó mi atención y, mientras pasaban los días y lo trataba y conocía más, dentro de mí comenzó a desarrollarse un interés por él, que también era soltero; pero no le dije nada a mis amigas y pensé: «Esto no me puede estar pasando, si hace unos meses atrás le dije a Dios que no quería ilusionarme con nada ni nadie, a menos que fuera su voluntad».

Ya había tenido una mala experiencia con un muchacho y no quería encontrarme en lo mismo. No quería dejarme llevar por mis emociones.

Nosotras las mujeres, somos seres emocionales y, a veces, esas emociones nos pueden meter en problemas si no las sujetamos al Espíritu Santo. Además, pensé que Mike no tenía tiempo ni interés por una muchacha, en ese momento, por lo ocupado que estaba en el ministerio y en su trabajo. Pero mis amigas, que siempre estaban velando por mí, un día me dijeron:

—Oye, tú y Mike siempre están hablando, parece que le caes bien porque siempre te mira y es muy atento cuando le hablas. ¿Él también te cae bien? —me preguntaron.

—No creo que yo le caiga bien, él es superchévere y pienso que solo está tratando de ser atento por ética —les contesté con aparente naturalidad, pero nerviosa por dentro.

—Es que tus ojos te brillan cuando le hablas y a él también —me dijo una de mis amigas.

—¿Tú crees? —les respondí, y luego les confesé que sí había desarrollado cierto interés por ese chico, solo que no quería decir nada porque no quería más desilusiones en mi vida, y las hice prometer que no dirían nada a nadie.

Se estaba acercando el día cuando regresaríamos a Chicago, y la pastora Ruth, que nos había acompañado al viaje, iría antes que nosotros; pero, antes de salir, quiso orar por Mike. Recuerdo que comenzó a dar gracias a Dios por la vida de él, por su humildad y los talentos que Dios le había dado; y luego empezó a pedir por una compañera especial que tuviera el mismo sentir y corazón que él tenía para Dios y también el ministerio de la música.

Las muchachas, que estaban muy atentas a la oración de su mamá, empezaron a molestarme: «Julissa, tal vez esa persona eres tú. ¡Nunca se sabe!»

Les pedí que no bromearan así, pero la verdad es que algo dentro de mí deseaba que fuera cierto lo que mis amigas me estaban diciendo. Ese muchacho tenía muchas cualidades lindas y, además, era hijo de pastor. Esa tarde terminamos de grabar, y en lo único que yo pensaba era en que ya se nos acercaba el tiempo de regresar a Chicago, aunque estaba un poco triste porque había conocido por primera vez en mi vida a un muchacho tan diferente a los otros. A pesar del poco tiempo, se había ganado mi corazón.

Esa tarde salimos a comer y a departir, ya que llevábamos días grabando sin parar y queríamos celebrar nuestro trabajo. Bueno, nosotros habíamos terminado nuestra parte, pero a Mike le quedaba todavía la tarea de mezclar y terminar el disco. Después de haber comido, nos fuimos a caminar por el Viejo San Juan, uno de los sitios históricos de Puerto Rico. Mike y yo comenzamos a hablar un rato como solíamos hacer, y recuerdo bien que me dijo:

—Ya se van mañana. Quiero que sepas que ha sido un placer trabajar con ustedes. Estoy contento porque el disco está quedando lindo. ¿Sabes? Eres una persona superchévere y tienes un talento lindísimo. Tienes mucho futuro por delante. En estos últimos días hemos desarrollado una amistad linda y quisiera seguir hablando contigo. No sé si podrías darme tu número de teléfono para mantenerme en contacto contigo y, también, a medida que vaya mezclando el disco, llamarte para que oigas cómo va.

Mi corazón comenzó a latir rápido y pensé: «¡Dios mío! Me acaba de pedir mi número de teléfono, entonces sí le caigo bien, aunque haya usado la excusa de la mezcla del disco para hablar conmigo, pero me pidió mi número...¡¡¡YES!!!»

—Sí, me encantaría mantenerme en contacto contigo y saber cómo está quedando el disco —le respondí, haciendo todo lo posible por ocultar mi emoción. Le di mi número de teléfono.

Esa noche nos despedimos de él y nos fuimos al lugar donde nos estábamos quedando para preparar las cosas para nuestro viaje, al día siguiente. Las muchachas me preguntaron sí habíamos hablado algo fuera de lo común, y yo les conté lo que había pasado.

—¡Yo lo sabía! —dijo Liza. También les conté que me había dado su número de teléfono y me pidió que lo llamara en cuanto llegara a Chicago para saber que habíamos llegado bien.

El día siguiente arribamos al aeropuerto, abordamos nuestro vuelo y mientras el avión despegaba y se alejaba de Puerto Rico, yo comencé a darle gracias a Dios por esas últimas dos semanas. La verdad es que estaba muy emocionada por todo lo que había pasado: primero, porque pudimos grabar nuestro cuarto disco, que era una producción profesional, y segundo porque en el proceso conocí a alguien especial.

¿Qué más podía pedir? Cuando llegué a mi casa, lo primero que hice fue contarle a mi mamá todo lo que había pasado, que conocí a un muchacho cheverísimo, humilde y talentoso. Le dije:

—Mami, se llama Miguel Ángel Rivera, pero lo conocen como Mike Rivera y es un productor, compositor, músico, ingeniero de grabación y además es hijo de un pastor. Mami, hace un mes me dijiste que Dios tenía un muchacho con esas cualidades para mí, y lo conocí. Me parece que es un muchacho especial y genuino. Me pidió mi número de teléfono y que lo llamara en cuanto llegara aquí.

Mi mamá se quedó atónita con todo lo que yo le estaba contando y me dijo:

—Bueno, vamos a orar; no te apresures, que si este es el muchacho, todo se dará al tiempo de Dios.

En las próximas semanas, Mike y yo empezamos a comunicarnos por teléfono y por medio de cartas (en 1996 todavía no conocíamos eso de chatear por Internet o por mensajes de textos en los celulares; existían ambas cosas, solo que no tenían el auge de ahora), y ambos sabíamos que había algo más que una amistad entre nosotros, pero no nos atrevíamos a hablar.

Cuando conversábamos, Mike me decía: «Siento que te he conocido toda mi vida. Cuando hablo contigo me siento cómodo».

Hasta que un día me declaró los sentimientos que tenía hacia mí. Yo también le dije que me parecía un muchacho especial y que con su forma de ser se había ganado mi corazón. Cada semana que pasaba conocía un poco más de él, y él de mí.

Me encantaba hablar con él porque, a pesar de los veinticinco años que tenía, era un muchacho maduro, seguro, visionario, respetuoso, con un buen sentido de humor, y cada vez que yo hablaba con él me contagiaba con su manera de pensar y me hacía sentir segura de mí misma y de lo que Dios tenía para mí.

Mis padres se fueron dando cuenta de que el tal Mike Rivera llamaba a casa con más frecuencia y cada vez las conversaciones eran más largas.

Mi mamá ya le había contado todo a mi papá sobre Mike, y yo también le hablaba bastante. Solo faltaba que lo conocieran; ese era mi deseo, que lo pudieran ver y comprobaran que todo lo que les había contado acerca de él era cierto. También quería su aprobación. Era muy importante para mí la opinión de mis padres y de mi familia.

Después de cuatro meses de estar hablando y orando por lo que sentíamos, Mike me llamó un día para decirme que le había salido un trabajo en

Chicago, para el mes de enero y que era precisamente para la semana de mi cumpleaños. Yo casi brinco (creo que lo hice), cuando escuché esa noticia.

Por fin, después de estar hablando tanto tiempo, nos íbamos a ver; y no solo eso, sino que iba a conocer a mis padres, a mi familia y a mi iglesia. Yo estaba feliz; y así fue, el 13 de enero de 1997, el día en que cumplí veintiún años, Mike llegó a Chicago. ¡Qué alegría! ¡No lo podía creer! Esa tarde, mi mamá había hecho una cena y una fiesta de cumpleaños para mí, y vino toda mi familia a celebrar conmigo; pero también, a conocer al famoso Mike Rivera, del cual Julissa siempre hablaba.

Mike rápidamente se robó el corazón de la familia con su sencillez. Después de haber hablado con mis padres y haberles hecho saber sus intenciones conmigo, recibí su aprobación, y el 18 de enero Mike y yo formalizamos un noviazgo. ¡Qué lindo es obedecer a Dios y ser atento al consejo de tus padres y de los que te quieren!

Mike regresó a Puerto Rico y, una vez más, por un tiempo, no nos vimos. Volvimos a las llamadas telefónicas y a las cartas. ¡Qué difícil era tener una relación a larga distancia!, pero ambos sabíamos que Dios tenía un plan con nosotros y que no era casualidad que nos hubiéramos conocido; solo teníamos que confiar y esperar en él.

En el verano del año 1997, viajé a Puerto Rico y tuve la oportunidad de conocer a toda la familia de Mike, de pasar tiempo con ella y de visitar la iglesia que su papá pastoreaba. Después de haber recibido la bendición de sus padres para nuestro noviazgo, delante de nuestras familias, ese mismo verano nos comprometimos para casarnos en noviembre. ¡Qué rápido!, ¿verdad? Bueno, así son las cosas cuando Dios está en el asunto.

Mike y yo nos queríamos, había un amor puro y genuino de Dios entre nosotros, y vimos cómo abría las puertas para nuestro matrimonio; así, poco más de un año después de habernos conocido, el 29 de noviembre de 1997, nos casamos en mi ciudad, Chicago. Yo me sentía la joven más bendecida del mundo porque me estaba casando con un hombre de Dios que tenía las cualidades que siempre soñé, y por todo lo que Dios estaba haciendo. Tuve una boda preciosa. Me sentía como una princesa al fin de un cuento de hadas, que se estaba casando con su príncipe azul y se iban a vivir felices hasta la eternidad. Solo que me iba a vivir una vida feliz con mi esposo, pero a Puerto Rico. A pesar de mi inmensa felicidad, había un pedazo de mi corazón que estaba un poco triste porque iba a dejar a mi familia, mis amistades, mi iglesia y todo lo que conocía desde mi infancia; pero, una vez más, sabía que Dios estaba al control y mi corazón no tenía por qué estar triste.

Esa misma noche me despedí de todo el mundo, cantando en el último concierto del grupo «Generación Escogida» (sí, canté en un concierto la noche de mi boda; creo que Dios estaba probando cuán fiel iba ser al ministerio, antes de entregármelo por completo; pero les contaré esta experiencia en otra ocasión), y me fui a vivir mi sueño de hadas junto a mi príncipe.

UN SUEÑO
HECHO REALIDAD

«Todo lo grande comienza con un sueño»

En una ocasión, mientras visitaba Venezuela, vi un anuncio que decía en letras muy grandes: «Todo lo grande comienza con un sueño». Entonces, dije: «¡Sí! ¡Eso es verdad, todo comienza con un sueño!»

Para tener algo o ser alguien, primero, tienes que haberlo soñado. ¡Cómo se hará realidad un deseo o una meta, si antes no lo soñaste!

¿Sabías que los deseos y los sueños que miramos como tales, muchas veces son pensamientos o propósitos de Dios para ti? Repetidamente, decimos: «Siempre he soñado con hacer esto o aquello» y sentimos la inquietud o el deseo, pero no nos atrevemos, por temor, o pensamos que no es posible, por las circunstancias que nos rodean. Pero el deseo de Dios es que sí lo hagas, que sí lo seas, que sí lo tengas. Ya Él nos dio la victoria, ¿por qué no?

Cuando pienso en los sueños, siempre recuerdo la historia de José, conocido por sus hermanos

como «el soñador». Él tuvo un gran sueño, en el
que Dios le estaba mostrando poder y señorío.
Como no lo entendía bien, se lo contó a sus
hermanos, que no estaban muy contentos con él
porque era el consentido de papá; y al escucharlo,
se llenaron de ira y de envidia. Así que conspiraron
en su contra para deshacerse de él y lo vendieron
como esclavo.

¿Sabes?, cuando Dios tiene un plan y un
propósito para alguien, el enemigo (Satanás)
siempre se levanta como un león en su contra. Y
así fue con José; pero gracias a la misericordia y a
la gracia de Dios, a pesar de haber sido traicionado
por su propia familia y encarcelado, siendo
inocente, nunca dejó de serle fiel ni de creer en Él
y en el sueño que Él mismo le había mostrado. Por
ello, Dios lo exaltó y lo llevó a ser gobernador de
Egipto, y lo hizo el segundo hombre más
importante, después del faraón.

Con el tiempo, cuenta la historia que su familia
tuvo que ir a buscar alimentos a Egipto por la
sequía tan grande que había en toda la tierra.

¿Sabes quién fue el que los atendió? ¡Sí, José!, su hermano, que ahora estaba sobre el pueblo de Egipto como gobernador. Cuando llegaron (sin saber que era José), se postraron ante él, y se cumplió aquel sueño que tuvo el joven hebreo cuando apenas tenía diecisiete años, por el que había sido criticado y menospreciado por los suyos.

Años después, Dios estaba usando a ese mismo soñador para preservar a su familia y la descendencia de su padre del hambre que había en toda la tierra. Dios sabía que podía confiar en José, por eso le entregó un sueño grande con muchos retos y desafíos. ¿Podrá Dios confiarte un sueño grande, tal como lo hizo con José? Él es el que da los sueños y también el que los hace cumplir. Desde pequeña soñé con cantar y, como muchos, llegué a pensar que mis sueños se iban a tardar. No obstante, seguí confiando en Jehová y traté de que las circunstancias que me rodeaban no se apoderaran de mí, sino yo de ellas.

A veces uno piensa que un sueño tardará en cumplirse, por las circunstancias que lo rodean. Pero ellas serán lo que tú hagas de ellas. Si las miras como un peldaño para aprender y escalar en la vida y en el Señor, pues así será.

Tal vez ese sueño tarde menos en hacerse realidad, pero si tomas los obstáculos como algo que te va hacer tropezar y estancar, también así será.

Miremos a José por un momento: Él tenía todo en contra. Había sido burlado y traicionado por sus hermanos, que lo vendieron a los ismaelitas, a un capitán egipcio.

En determinado momento, José estuvo absolutamente solo, en un país ajeno. Seguramente no comprendía el idioma, ni tampoco tenía nada, porque al momento era esclavo.

Imagínate a un chico que estaba acostumbrado a tener cosas buenas, que no le hacía falta nada (recuerda que José era el favorito de su papá), y que de pronto, se encuentra viviendo bajo aquellas circunstancias. Creo que si alguien tenía la excusa perfecta para quejarse y reclamarle a Dios, era él.

La juventud de José estuvo rodeada de muchas circunstancias negativas, sin embargo el «soñador» no se ahogó en ellas; al contrario, siguió en pos de lo que Dios había predestinado para él.

Yo no sé cuál sea tu circunstancia o por lo que hayas pasado. Quizás en este preciso momento sientes que has llegado al final del camino; solo quiero que sepas que Dios conoce tu futuro mejor que nadie. Tus tiempos están en sus manos (Salmos 31.14-15). Él conoce todo de ti, hasta tus más mínimos detalles.

El Señor te llamó por tu nombre y te dijo: «Mío [mía] eres tú». Si Él te ha hecho un llamado especial, si declaró algo para tu vida, en todo caso, si Dios te ha dado un sueño, confía que Él respaldará lo que ha dicho, porque no es hombre para que mienta ni varón para que se arrepienta. No te desanimes, a su tiempo se cumplirá todo lo que ha decretado para ti. José tuvo su gran sueño a los diecisiete años, pero pasó tiempo antes que se hiciera realidad. ¡Sé persistente y paciente!

Cuando me casé con Mike y me fui a vivir a Puerto Rico, comencé a entender más aquella palabra profética que el pastor afroamericano habló sobre mi vida. Dios me llevó allí para tratar conmigo y prepararme para lo que me esperaba. Tuvo que transportarme a otra tierra y separarme por un tiempo de mi familia y de todo lo que yo conocía, para que aprendiera a depender de Él y a confiar totalmente en Él.

Me encontré rodeada de personas que Dios había puesto en mi camino y a mi lado para que pudiera lograr mis sueños. ¡Qué bendición, para mí, poder tener un esposo que era productor, compositor, músico, arreglista e hijo de pastor! El Señor me dio un paquete completo. ¡Gloria a Dios!

Como si eso no fuera suficiente, en la familia estaban Benjamín Rivera, uno de los pioneros de la música cristiana contemporánea; también Wiso Aponte, uno de los mejores guitarristas de la música cristiana e Ismael «El flaco» Rivera, un baterista virtuoso. ¡Bien! ¡Ese era mi círculo familiar cercano! Dios verdaderamente me había llevado a un lugar rico. ¿Qué más podía pedirle? Él había sido fiel. Solo podía darle las gracias.

El día en que llegó a mis manos la primera copia de mi primera producción como solista, «Regresará por mí», lloré porque vi el fruto de un sueño que tuve desde niña, que ya no era un anhelo ni una idea, ni siquiera una palabra hablada, sino que se había hecho realidad, ¡gracias a mi Dios!

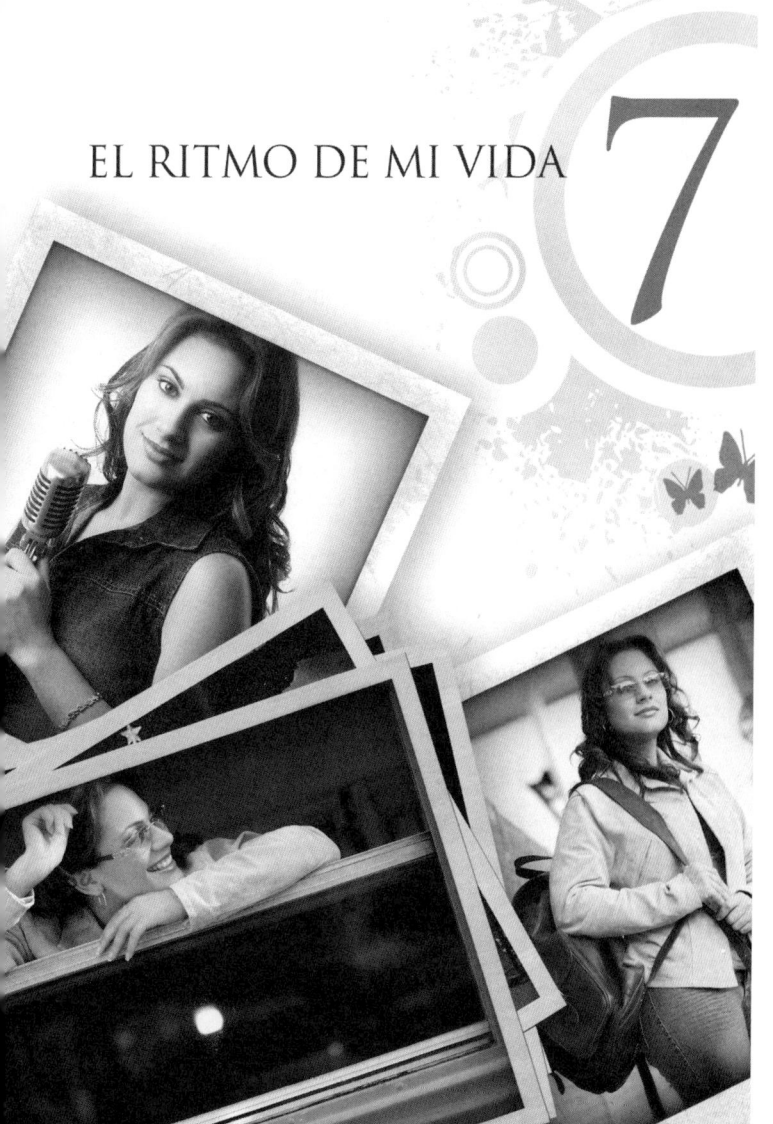

«Las misericordias de Jehová cantaré perpetuamente; de generación en generación haré notoria tu fidelidad con mi boca» (Salmos 89.1).

Cuando medito en las palabras que dijo el salmista David, pienso en lo bueno y lo fiel que ha sido Dios conmigo a través de estos años.

Mi vida no tendría sentido si Jesús no fuera el centro de mi existencia. Creo que sin Él esta jornada llamada vida no tendría razón. La verdad es que no conozco otra cosa que no sea Él, pero el hecho de que sea cristiana no quiere decir que todo en mi vida vendrá servido en una bandeja de plata o de oro; al contrario, uno tiene que luchar, como lo hizo el pueblo de Israel, contra los gigantes y los principados que gobiernan este mundo natural en que vivimos.

Al abrirte mi corazón, no puedo negar que para llegar hasta donde estoy hoy he tenido que pagar un precio alto. Me ha tocado cruzar desiertos, ríos, valles y montañas para llegar y conquistar lo que Dios me ha prometido, para alcanzar mi destino en Él. Nada en esta vida viene fácil. Tenemos que trabajar y luchar por los sueños y las promesas que Dios nos da. A medida que fui caminando en pos de ese destino, aprendí a dar cada paso en la voluntad de Dios, y muchas otras cosas (aunque me falta mucho) acerca de la vida. Es por ello que me atrevo, bajo la dirección del Espíritu Santo, a recomendarte lo siguiente:

Primero: Para que tu vida tenga sentido y éxito en todo, necesitas un encuentro con Dios. El ser humano anda por esta vida tratando de encontrarse a sí mismo y de buscar su propósito aquí en la tierra, pero la verdad es que nunca lo logrará hasta que le rinda su corazón por completo al que le da sentido a la vida.

Si nunca lo has hecho, simplemente tienes que pedirle a Jesús que entre a tu corazón y se convierta en tu dueño. Pídele que perdone tus pecados y te oriente para alcanzar tu propósito en Él; que te dé una nueva página en el libro de tu vida para poder rehacer tu historia. ¡Te aseguro que no te arrepentirás! Si ya lo conoces, te invito a sumergirte más en la presencia del Todopoderoso y a que lo conozcas y te enamores más de Él. Si te acercas, Él se acercará a ti y te enseñará «cosas grandes y ocultas que tú no conoces» (Jeremías 33.3).

Segundo: He aprendido que para tener éxito en el Señor y en esta vida, tienes que entender quién eres en Cristo, tener tu propia identidad y comprender que, aunque vivimos en este mundo, no somos de este mundo. La Palabra de Dios dice que somos como peregrinos o extranjeros en esta tierra; entender que eres «linaje escogido, nación santa, real sacerdocio, pueblo adquirido por Dios» (1 Pedro 2.9), que esa es tu posición en el reino de Dios, que eres fuerte y más que vencedor; que estás arriba y no abajo. Eres un príncipe, una princesa, porque eres hijo del Rey altísimo, que te hizo sentar en los lugares celestiales con Cristo Jesús. Él te hizo especial. No hay nadie más como tú; por lo tanto, no nos podemos conformar a lo que tenga que ofrecer este mundo, ni a los placeres, ni a la vanagloria de la vida.

No me entiendas mal, no estoy diciendo que vamos a actuar como extraterrestres porque no somos de este mundo (espiritualmente hablando), lo que estoy diciendo es que mantengamos nuestra perspectiva como cristianos y no tratemos de imitar al mundo ni dejemos que las cosas del mundo (del mundo secular) nos atraigan de tal manera que lo que pensemos y soñemos sea imitar a quienes no siguen a Cristo. Al contrario, creo que con nuestra manera de ser, podemos atraer a los demás a Cristo.

Primera de Juan 2.14-17 dice: «Os he escrito a vosotros, jóvenes, porque sois fuertes, y la palabra de Dios permanece en vosotros, y habéis vencido al maligno. No améis al mundo ni las cosas que están en el mundo. Si alguno ama al mundo, el amor del Padre no está en él. Porque todo lo que hay en el mundo, los deseos de la carne, los deseos de los ojos y la vanagloria de la vida, no proviene del Padre, sino del mundo. Y el mundo pasa, y sus deseos; pero el que hace la voluntad de Dios permanece para siempre».

Tercero: Las decisiones que tomamos hoy repercutirán en nuestro futuro. Cuando yo tenía dieciocho años, mi papá se sentó conmigo para sostener una de esas charlas que deben tener todos los padres con sus hijos. Me dijo: «Julissa, ya no eres una niña, te estás convirtiendo en una persona adulta. Tu mamá y yo te hemos enseñado todo lo que creemos que es el bien. Y tú sabes distinguirlo del mal. Nosotros confiamos y creemos en ti y si algo te puedo aconsejar para prepararte para esta vida es que tomes buenas decisiones; porque lo que decidas hoy deberás cargarlo por el resto de tu vida».

Esa charla me hizo bien, les confieso que esas palabras que me dijo mi papá retumbaron en mi cabeza una y otra vez y me ayudaron a decidir correctamente. No se trata de ser perfecto. Quizás, en algún momento, tomemos decisiones equivocadas, ya que somos humanos y cometemos errores; el detalle está en aprender de ellos y en no volver a cometerlos; porque si se vuelven frecuentes, dejan de ser errores y se convierten en horrores. Sé que muchas personas ya están cansadas de ambos. ¿Cómo podemos evitarlos? En primer lugar, aprendiendo de ellos, para no volver a cometerlos y escalar en la vida. Escuché una vez al pastor Joel Osteen decir que los errores pueden ser nuestra mejor escuela en la vida.

En segundo lugar, buscar el consejo y la voluntad de Dios acerca de las decisiones que vayamos a tomar. «Muéstrame, oh Jehová, tus caminos; enséñame tu sendas. Encamíname en tu verdad, y enséñame, porque tú eres el Dios de mi salvación» (Salmos 25.4-5).

Si en algún momento de tu vida has tomado una mala decisión y sientes que no puedes avanzar, recuerda siempre que tu pasado no dicta tu futuro y, a ti te digo, no habites en el pasado, supéralo, levanta tu cabeza y no seas víctima, sino victorioso, ¡porque Jesucristo ya te dio la victoria!

Cuarto: Hay que soñar y creer en esos sueños que por mucho tiempo hemos tenido. No es suficiente con ello; tenemos que declararlos con nuestra boca. Es importante que le des expresión a la fe que tiene tu corazón, acerca de ellos. Debemos ser persistentes en lo que queremos y creemos. Dios nunca te daría un sueño si no lo pudieras alcanzar.

Siempre recuerdo las palabras del doctor Martin Luther King, un ministro afroamericano que tuvo el gran sueño de que algún día la gente de su raza fuera libre de su estigma para vivir en igualdad en la nación estadounidense, como cualquier anglosajón. Él luchó durante los años sesenta, en el Movimiento de los Derechos Civiles y, a pesar de que le costó la vida, logró que su sueño se hiciera realidad.

¿Sabías que solo hace falta una persona con un sueño para que otros reciban su milagro? Así que sacude cualquier pensamiento negativo o sentimiento de baja estima que tengas y no des por vencidos tus sueños. ¡Tú lo puedes hacer, lo puedes lograr! Si sientes que en la vida una puerta se cierra es porque Dios va a abrir otra, y una más grande de lo que puedas imaginar, con más oportunidades, para que entres con paso gigante y seas bendecido. ¡Tus mejores días están por venir!

Hoy estoy viviendo momentos importantes en mi vida y sé que lo mejor está en camino. Tan solo debemos seguir trabajando para «el mejor Jefe» y peleando la buena batalla de la fe, echándole mano a la vida eterna, como le dijo Pablo a Timoteo.

A pesar del ritmo de vida tan ajetreado que llevo, me siento la mujer más realizada y bendecida del mundo, porque Dios confió en mí y entregó un ministerio de música en mis manos. Me regaló un esposo maravilloso que es todo, y aun más de lo que soñé. Él me cuida, me estima, me impulsa y me apoya incondicionalmente en todo lo que emprendo. Dios también me ha dado el privilegio de ser la mamá de tres niños hermosos (las joyas más preciosas y valiosas que tengo), que llenan mi vida de una felicidad incomparable y que, a pesar de sus cortas edades, entienden que mami está cantando y llevando un mensaje de salvación y esperanza a las naciones.

Por último, he sido bendecida con unos padres y una familia especial, que están presentes para ayudarme en el ministerio y en lo que necesite.

Hace un tiempo recibí una llamada de la cadena de televisión Gospel Music Channel, dirigida al mercado estadounidense, para ser la animadora del programa «Espíritu Latino», producido en inglés.

Nunca imaginé conducir un programa de televisión que se trasmitiría por la nación americana, a través de cable y satélite; pero ¡qué privilegio para mí, poder compartir con la comunidad de habla inglesa un poco de la cultura, la música y la pasión latina!

El salmista David dijo: «Deléitate asimismo en Jehová, y él te concederá las peticiones de tu corazón. Encomienda a Jehová tu camino y confía en él y él hará» (Salmos 37.4-6). Dios no cesa de sorprenderme. Él sobrepasa todas nuestras expectativas humanas, sobre todo cuando le damos el lugar que merece.

Diez años atrás no podía imaginar lo que hoy estoy viviendo. Solo sé una cosa: que Dios me escogió, y también a ti, para marcar la generación de este tiempo y las venideras, para hacer retornar los corazones de la humanidad a su Creador.

Sé que todavía falta más por hacer y que mi trabajo aquí en la tierra no ha terminado. Tal vez por eso comparo mi vida con una canción. Y en este caso, su compositor se llama Dios. Lo único que le pido es que cada palabra y cada verso de esta canción puedan tocar, transformar y restaurar las vidas que la escuchen, y que cada melodía sea celestial y contagiosa, y vaya, inconfundible-mente, al compás del ritmo de Dios y le dé ¡gloria y honra! ¡Atrévete a vivir tu vida al ritmo de Dios!

Acerca de la autora

Julissa es una de las artistas más reconocidas en la industria cristiana contemporánea. Comenzó a cantar a la edad de dieciséis años y su carrera musical por las Américas y Europa cuenta con ciento de miles discos vendidos. Ha recibido más de diez premios internacionales, incluyendo el Latin Music Fan Award. También es la primera mujer de Puerto Rico en ser nominada para recibir el prestigioso premio GMA Music Award (Dove Award). Su influencia ha traspasado el mercado latino y la ha llevado a ser la conductora del programa *Espíritu Latino* que se transmite por Gospel Music Channel, que cubre más de 1.200 ciudades de Estados Unidos.

www.julissa.tv

Adquiere también

EL RITMO DE LA VIDA

su nuevo álbum en CD

Julissa Ministries, Inc.
P.O. Box 827302 South Florida, Fl 33082-7302
Tel. (954) 433-2097 • Fax: (954) 430-5336
www.julissa.tv